DE BALANCED SCORECARD

BELANGRIJKE INFORMATIE

- **Naam:** de balanced scorecard (BSC)

- **Gebruik:** de balanced scorecard koppelt de langetermijndoelstellingen van een organisatie aan haar dagelijkse activiteiten. Het is een instrument voor strategisch denken dat kan worden aangepast aan de algemene aanpak van de organisatie.

- **Waarom is het succesvol?** De balanced scorecard geeft managers, werknemers en aandeelhouders een totaalbeeld van de onderneming, gebaseerd op financiële en niet-financiële aspecten. De balanced scorecard verduidelijkt de korte- en langetermijndoelstellingen en de strategieën van de onderneming. Hij zorgt ook voor samenhang tussen de dagelijkse activiteiten en de algemene visie van de onderneming.

- **Trefwoorden:**

  - Indicator: kwalitatieve of kwantitatieve informatie die de variatie van een variabele (economische, financiële...) voor een bepaalde tijd weergeeft.

    - Een middelenindicator berekent de middelen die nodig zijn of zullen zijn om een doelstelling te bereiken.

> ‣ <u>Een prestatie-indicator</u> meet de prestaties van de onderneming.

- ○ <u>Prestaties</u>: het vermogen van de onderneming om haar doelstellingen te bereiken met behulp van passende middelen tegen lagere kosten.

- ○ <u>Variabel</u>: een element dat verschillende waarden kan aannemen afhankelijk van de groep/omgeving waarin het zich ontwikkelt.

INLEIDING

Geschiedenis en context

Vóór de jaren negentig beschikten de ondernemingen reeds over budgettaire en financiële kaders. Die waren echter meestal ontwikkeld door handelsmaatschappijen en industriële bedrijven, vaak gebaseerd op oude, statische informatie en hielden geen rekening met de operationele indicatoren, klanten of mensen. David P. Norton (geboren in 1941), medeoprichter van de IT-strategievereniging Nolan, Norton & Company, en Robert S. Kaplan (geboren in 1940), professor aan de Harvard Business School, ontwikkelden de balanced scorecard (BSC) om dit probleem op te lossen. Dit instrument combineert strategie en management en kwam officieel tot stand in 1992 door het artikel dat de twee Amerikaanse economen publiceerden in de Harvard Business Review, "The Balanced Scorecard: Measures That Drive Performance".

De BSC is een samenvatting van de conclusies van een studie (die 12 maanden duurde en in veel verschillende bedrijven werd uitgevoerd) die gericht is op de middelen waarover managers beschikken om de toekomstige prestaties van hun bedrijven te beoordelen. Het project van Norton en Kaplan kwam tot stand vanwege de duidelijke verschillen tussen de traditionele methoden voor het meten van prestaties (uitsluitend gebaseerd op financiële indicatoren) en de behoeften van moderne bedrijven.

Definitie van het model

De BSC is een scorebord dat een volledig beeld geeft van de korte- en langetermijndoelstellingen en de strategieën van een bedrijf aan de hand van een reeks prestatie-indicatoren. Deze indicatoren beoordelen en meten de projecten en doelstellingen van de onderneming. Het meest innovatieve element van dit managementinstrument ligt in de analyse ervan, die gebaseerd is op vier kerngebieden:

- **Financiële vooruitzichten:** wat zijn de verwachtingen van de aandeelhouders van het bedrijf?

- **Mensenperspectief** (met inbegrip van klanten, partners en aandeelhouders): hoe moet het bedrijf worden gezien om zijn doelstellingen te bereiken?

- **Interne bedrijfsprocessen:** welke bedrijfsprocessen moeten worden ingevoerd om het bedrijf te laten slagen?

- **Leren, groei en innovatie:** hoe kan het bedrijf zijn vermogen tot verandering en innovatie ondersteunen?

 **GOED OM TE WETEN**

De balanced scorecard is geïnspireerd op de scoreborden die worden gebruikt bij honkbal- en basketbalwedstrijden. Wanneer hij wordt toegepast, levert hij resultaten op volgens verschillende combinaties van variabelen. Een retrospectieve algemene analyse is ook nodig om de nauwkeurigheid van de scorecard te beoordelen.

DE THEORIE ACHTER HET CONCEPT

Begin jaren 80 werd onze samenleving gebaseerd op informatie in plaats van op industrie. Vanaf dat moment moesten bedrijven zich plaatsen in een markt die steeds meer globaliseerde en waar klanttevredenheid een enorm concurrentievoordeel was. Dat veranderde de manier waarop bedrijven werden geleid volledig.

Bijgevolg werd het moeilijk om te vertrouwen op een beheersysteem dat uitsluitend gebaseerd was op de financiële en economische evaluatiemaatstaven. De voorheen gebruikte begrotingskaders volstonden niet, omdat zoveel perspectieven werden genegeerd: commerciële doelstellingen, productiedoelstellingen en menselijke hulpbronnen.

Kaplan en Norton stelden een automatisch managementinstrument voor dat alle essentiële perspectieven combineert. Elk van die perspectieven heeft zijn eigen doelstellingen en prestatie-indicatoren. Die indicatoren belichten de kritieke punten waarop bedrijven moeten ingrijpen om achteruitgang te voorkomen. De BSC creëerde stabiliteit die de integratie en het in evenwicht brengen van deze verschillende indicatoren mogelijk maakte.

In hun publicatie "The Balanced Scorecard" (1998) brengen de twee economen de BSC-benadering in verband met het besturingssysteem van een vliegtuig. In hun voorbeeld noemen zij een rampzalig scenario: tijdens het besturen van een vliegtuig concentreert de piloot zich enkel op de windsnelheid en verwaarloost hij het brandstofniveau en de hoogte van het vliegtuig. De piloot rechtvaardigde zijn manier van vliegen door uit te leggen dat hij zich niet op alles tegelijk kon concentreren, maar dat stelt geen van de passagiers gerust.

Hetzelfde geldt voor bedrijven: zij mogen bepaalde variabelen van hun beheer niet verwaarlozen als zij de algemene conjectuur van hun organisatie willen bepalen en controleren. Net als bij een vliegtuig is het van vitaal belang over verschillende instrumenten te beschikken om het doel en de manier waarop het moet worden bereikt duidelijk vast te stellen.

De BSC-methode is meer dan een eenvoudig instrument om prestaties te meten. Het meest dynamische aspect van de BSC is de opname van vier sleutelgebieden voor analyse en de relatie tussen de huidige en toekomstige visie van het bedrijf. Alle perspectieven zijn met elkaar verbonden door de relatie tussen oorzaak en gevolg, ook wel de keten van causaliteit genoemd, die de uiteindelijke resultaten vaststelt en de verschillen tussen de werkelijke resultaten en de oorspronkelijke doelstellingen verklaart. De balanced scorecard wordt gebruikt als een systeem voor strategisch beheer op de lange termijn.

De makers van het systeem onderscheiden vier gebieden van onderling afhankelijke prestaties die volgens hen van invloed zijn op de prestaties van een bedrijf:

- **Economisch perspectief:** hoe wordt het gezien door onze belanghebbenden?

- **Het perspectief van de klant:** zijn de klanten tevreden?

- **Interne bedrijfsprocessen:** op welk gebied blinkt de onderming intern uit? Wat zijn haar sterke punten? Welke bedrijfsprocessen moeten worden ingevoerd om de ambities van het bedrijf te verwezenlijken?

- **Leren, groei en innovatie:** wat heeft de onderneming ingevoerd om haar vermogen tot aanpassing, innovatie en groei te ondersteunen en te ontwikkelen?

Elk perspectief omvat indicatoren van:

- de methode voor de berekening van de middelen die nodig zijn om de doelstelling te bereiken;

- de resultaten die de prestaties van het bedrijf zelf beoordelen.

FINANCIËLE VOORUITZICHTEN

Dit perspectief is gebaseerd op de veronderstelling dat de langetermijndoelstelling van een bedrijf altijd het maximaliseren van het rendement voor de aandeelhouders is. Daartoe moet het bedrijf verschillende strategieën toepassen die gericht zijn op inkomstengroei en productiviteit.

Meestal omvatten de financiële doelstellingen:

- inkomstengroei (kasstroom, door bedrijfsactiviteiten gegenereerde liquiditeit, omzet, enz.)

- verbeterde productiviteit en marges

- kostenbesparingen

- het effectieve gebruik van activa

- geoptimaliseerd risicobeheer

- …

Uiteraard variëren de financiële doelstellingen van ondernemingen aanzienlijk naargelang hun ontwikkelingsfase (groei, ontwikkeling en maturiteit) en hun strategische doelstellingen (verhoging van de inkomsten en het marktaandeel van het product, kostenverlaging en/of productiviteitsverhoging, beter gebruik van de bedrijfsmiddelen en een beter rendement op de investeringen).

HET PERSPECTIEF VAN DE KLANT

Dit perspectief geeft managers een volledig beeld van de verschillende bedrijfsactiviteiten en de voor elke activiteit specifieke consumenten- en partnersegmenten. Zij kunnen de klantwaardering meten van de producten en de efficiëntie van de commerciële procedures die trachten te voldoen aan de behoeften van de klant.

Het bedrijf past zijn strategie aan en neemt de stappen die het nodig acht om het "top-of-mind"-bedrijf te worden (de leider in de markt volgens de beoogde consument) met evenveel aandacht voor prijs en kwaliteit als voor het product of de dienst.

De gemeenschappelijke indicatoren van resultaten en middelen zijn:

* marktaandelen

* klantentrouw

* aantal nieuwe klanten

* mate van klanttevredenheid

* segmentwinstgevendheid

* inkomsten van klanten

* aantal klachten

* ...

Idealiter stelt het bedrijf zijn prestatie-indicatoren en de doelstellingen vast voor elk van de gebieden waarop het actief is. De meeste van deze indicatoren zijn echter post-hoc indicatoren (achteraf gedefinieerd). Om dat te verhelpen moeten managers zich ook richten op het creëren van een uniek waardevoorstel dat afhankelijk is van drie variabelen:

* de kenmerken van een product of dienst

* de relatie met de klant

* het imago en de reputatie van het bedrijf

Op basis daarvan moeten managers er altijd naar streven een superieur waardevoorstel voor hun doelklanten te ontwikkelen.

INTERNE BEDRIJFSPROCESSEN

Dit perspectief geeft de manager een overzicht van de interne werking van het bedrijf. Het identificeert de interne processen die (direct of indirect) klanttevredenheid genereren en de belangrijkste vaardigheden en gebieden waarin het bedrijf uitblinkt.

Elke activiteit komt overeen met een waardeketen waarmee waarde wordt gecreëerd en geleverd aan de klant. Rekening houden met de bedrijfsprocessen zorgt ervoor dat de manager deze consistent organiseert, met inachtneming van de bedrijfsdoelstellingen en de verwachtingen van de klant.

In de meeste bedrijven bestaat de waardeketen uit:

* **operationele processen,** die gericht zijn op de doeltreffendheid van de huidige processen (efficiëntie, tijd, kosten, enz.);

* **innovatieprocessen,** die van grote invloed zijn op het innovatievermogen van de organisatie: zij richten zich op de toekomstige behoeften van de klant en op de vraag hoe unieke waardeproposities kunnen worden gecreëerd;

* **leverings- en distributieprocessen,** die gericht zijn op de manier waarop consumenten in contact komen met het bedrijf; ervoor zorgen dat hun ervaring zo goed mogelijk is.

Dit perspectief van de scorecard houdt rekening met de prestaties van de bedrijfsprocessen in het bedrijf, zodat deze stroken met de huidige en toekomstige verwachtingen van de klant. Er worden indicatoren vastgesteld met betrekking tot innovatieprocessen, bedrijfsprocedures en het leverings- en distributieproces.

LEREN, GROEI EN INNOVATIE

Dit perspectief is belangrijk omdat het de omgeving beschouwt die nodig is voor de goede ontwikkeling van de drie andere perspectieven. Het gaat ervan uit dat het vermogen van een bedrijf om zijn financiële, klantgerelateerde en procesgerelateerde doelstellingen te bereiken rechtstreeks afhangt van zijn vermogen om te innoveren, nieuwe vaardigheden toe te passen en te groeien.

De voor dit perspectief gebruikte indicatoren hebben voornamelijk betrekking op drie grote categorieën:

- **Personeel:** de competenties van het personeel van de onderneming zijn rechtstreeks van invloed op haar prestaties. Zij moeten zoveel mogelijk beantwoorden aan de (huidige en toekomstige) behoeften van de onderneming. De meest gebruikte indicatoren hebben betrekking op de tevredenheid van het personeel, de opleidingsbehoeften, het personeelsverloop...

- **Informatiesystemen:** het vermogen van een bedrijf om geschikte informatietechnologie te gebruiken is van cruciaal belang. Het is belangrijk de samenhang tussen de behoeften van het bedrijf en zijn technologische prestaties en processen te analyseren.

- **Organisatorische samenhang:** de geschiktheid van het besluitvormingsproces voor de verwachtingen en behoeften van de klanten is van het grootste belang voor de prestaties van goed opgeleid personeel. Het personeel moet ook de drijvende kracht van het bedrijf zijn en centraal staan in de besluitvorming. Het is essentieel om een coherente omgeving te creëren waarin de werknemers hun vrijheid van handelen en hun beslissingsautonomie kunnen behouden.

De balanced scorecard zorgt ervoor dat de nodige investeringen in technologie, mensen en processen worden gepland en uitgevoerd. De beschikbaarheid van indicatoren die informatie verschaffen over dit aspect van een onderneming is belangrijk omdat de toekomstige groei van de onderneming rechtstreeks afhangt van haar vermogen om te innoveren, zich aan te passen en kansen te genereren.

GRENZEN VAN HET MODEL

Hoewel de balanced scorecard werd geïntroduceerd als een instrument voor het beheer en de controle van een efficiënt en effectief bedrijf, hebben sommige wetenschappelijke deskundigen op het gebied van systeemdynamica hun bedenkingen. Henk Akkermans en Kim van Oorschot (Nederlandse specialisten) en Barry Richmond (Amerikaans neuropsycholoog, 1947-2002) trekken de geldigheid van het model in twijfel. De beperkingen van de BSC kunnen in drie punten worden samengevat:

- **Sommige belanghebbenden worden verwaarloosd.** De scorekaart houdt geen rekening met alle belanghebbenden van het bedrijf. Veel meer dan een falen van het model is dit vaak een implementatieprobleem. Degenen die de balanced scorecard implementeren beperken zich vaak tot het toepassen ervan als een "wonderoplossing". Aangezien het model vooral gericht is op aandeelhouders en klanten, kunnen managers de belanghebbenden van de onderneming, zoals leveranciers, verwaarlozen. Daarom moet elke onderneming bij het opstellen van haar balanced scorecard rekening houden met haar eigen specifieke kenmerken.

- **Een niet bestaande causale keten.** Een van de veronderstellingen van het balanced scorecardmodel is dat er een oorzakelijk verband bestaat. Sommige specialisten, zoals Barry Richmond, bekritiseren de eenvoud waarmee het oorzakelijk verband wordt vastgesteld. Zij stellen ook dat het model statisch is en geen rekening houdt met de toekomstplannen van de onderneming.

- **Een niet-geïntegreerde externe omgeving**. Hoewel de BSC enkele externe variabelen integreert, is dat niet genoeg. In de praktijk hebben de geïntegreerde indicatoren meestal alleen betrekking op de interne elementen van het bedrijf, waardoor het effect van de omgeving waarin het zich ontwikkelt volledig wordt onderschat.

TOEPASSING

ADVIES

In hun bestseller "The Balanced Scorecard" (1998) stellen Norton en Kaplan een vierstappenplan voor systematische ontwikkeling voor. Het plan dient als basis voor de invoering van de BSC, maar je moet niet vergeten dat elk bedrijf uniek is en dat de methode moet worden aangepast aan verschillende systemen.

Stap één – Strategie omzetten in strategische doelstellingen

Kies de operationele eenheid (d.w.z. de specifieke afdeling van de onderneming) die de basis zal vormen voor de ontwikkeling van de balanced scorecard. Om een coherente, autonome strategie te formuleren is het raadzaam een betrokken eenheid te identificeren door de volledige keten van processen te bekijken, met inbegrip van innovatie, productie, marketing, verkoop en service. In het algemeen is een bedrijfseenheid die een strategie heeft om haar doelstellingen te bereiken een aanvaardbare kandidaat voor een balanced scorecard.

Zodra de operationele eenheid is gekozen, moeten de managers ervan binnen hun afdeling de essentiële informatie bepalen die de doelstellingen en maatregelen van en voor de onderneming samenbrengen. Zij moeten met name de financiële doelstellingen vaststellen (vooral groei en rentabiliteit), de waarden en de vooruitzichten van de onderneming (milieu en veiligheid van het personeel, innovatie en concurrentievermogen) en tenslotte de betrekkingen tussen de verschillende belanghebbenden (klanten, leveranciers, werknemers, ...).

Stap twee – Mededeling van doelstellingen en verbanden tussen indicatoren en strategische doelstellingen

De tweede fase bestaat nog eens uit drie fasen. De eerste is het voorleggen van een ontwerp van de BSC aan de managers van de operationele eenheden om een discussie op gang te brengen. Deze tijd van reflectie en constructieve uitwisseling tussen de managers en de "architect" (de persoon die de BSC aanstuurt) leidt tot een beter begrip van wat beide partijen belangrijk vinden.

Na het verzamelen van deze informatie moeten managers een synthesefase doorlopen om een lijst van potentiële projectdoelstellingen op te stellen. Op dit punt is het al belangrijk de relatie van oorzaak en gevolg tussen de verschillende bedrijfsdoelstellingen te analyseren.

De laatste fase is het creëren van een eerste consensus voor de balanced scorecard. Elke doelstelling wordt afzonderlijk besproken door het directiecomité om drie of vier hoofddoelstellingen vast te stellen (economisch/financieel, klant, interne processen en leren/innovatie) en een gedetailleerde beschrijving te geven van mogelijke maatregelen voor elke doelstelling. In dit stadium is er slechts één vraag, als het project en de strategie doeltreffend zijn: wat zouden de potentiële resultaten kunnen zijn voor de aandeelhouders, de klanten, de interne processen en de groei van de onderneming? Met andere woorden, hoe kunnen we oorzaak en gevolg van elke strategie/activiteit bepalen aan de hand van de verschillende strategische doelstellingen?

Stap drie – Planning, vaststelling van doelen en strategische doelstellingen

De managers verspreiden de in de vorige fase opgestelde samenvatting onder elk van de subgroepen om sommige van de doelformuleringen te herwerken, ideeën te vergelijken, de informatiebronnen (en de toegang daartoe) vast te stellen die nodig zijn om de voorgestelde maatregelen uit te voeren en het effect ervan te voorspellen.

De "architect" van het project kiest dan met zijn team de BSC-maatregelen die het best overeenkomen met de strategische doelstellingen, waarbij hij er aan elke strategie één toekent. Sommige indicatoren – inkomsten, verkoop, … – zijn gemeenschappelijk voor alle BSC's. Dit werk omvat het maken van:

- een gedetailleerde lijst van doelstellingen per subgroep en per sector waarvoor zij verantwoordelijk zijn;

- een weergave van de kwantificatiemiddelen van elke maatregel;

- een grafiek met het verband tussen de maatregelen en/of doelstellingen voor de verschillende sectoren.

Het directiecomité komt voor een tweede maal bijeen met alle leden van het management, de directe medewerkers en de tussenpersonen. Het doel van deze vergadering is het project, de strategische richtingen en doelstellingen van de onderneming en de voor de BSC voorgestelde maatregelen opnieuw te analyseren (deze keer met een groter aantal deelnemers, vooral in een grote onderneming). Uit deze discussies en analyses wordt een informatiebrochure geschreven om de nieuwe doelstellingen en inhoud van de balanced scorecard aan alle werknemers mee te delen. De belangrijkste uitdaging is de werknemers ertoe aanzetten ambitieuze doelstellingen te formuleren voor elke voorgestelde maatregel.

Stap vier – Feedback aanmoedigen en processen aanpassen

In dit stadium is het BSC-project klaar, goedgekeurd en begrepen in het hele bedrijf. Nu is een plan voor de uitvoering van maatregelen nodig om de doelstellingen te bereiken die tijdens de eerste twee vergaderingen van het directiecomité zijn vastgesteld. Het verband tussen de maatregelen en de databanken mag niet worden vergeten, zodat alle bedrijfsniveaus op de hoogte blijven van het proces en kunnen nadenken over mogelijke uitbreidingen van de oorspronkelijke maatregelen. Het is belangrijk dat de toegepaste indicatoren en maatregelen op basis van de ontvangen feedback worden aangepast om de BSC doeltreffend en functioneel te maken.

Tijdens een derde en laatste vergadering van het uitvoerende comité worden het definitieve project, de doelstellingen en de maatregelen goedgekeurd. Hier worden ook de eerste maatregelen en initiatieven gekozen die nodig zijn om de doelstellingen te bereiken. Aan het einde van de vergadering deelt het comité ook het definitieve programma mee aan de werknemers en hoe het zal worden geïntegreerd in het managementsysteem van het bedrijf. Deze stap sluit het proces af en maakt de BSC effectief. Het wordt geïntegreerd in het managementsysteem zodat managers zich kunnen richten op de door de BSC vastgestelde prioriteiten.

Conclusie

Deze beschrijving toont de stapsgewijze ontwikkeling van een balanced scorecard. Uiteraard varieert deze methode naargelang het type en vooral de omvang van het bedrijf of de organisatie die het model wil toepassen. Ook het tijdschema voor de uitvoering van de maatregelen verschilt naar gelang de organisatie, de eisen van de deelnemers aan de besluitvormingsvergaderingen en eventuele belemmeringen: het perspectief van de mensen (motivatie, vaardigheden en aanpassingsvermogen van het personeel), consensus tussen de leden, ...

In het algemeen adviseren Norton en Kaplan dat het opstellen van een BSC 16 weken in beslag neemt. In deze periode kunnen de leden van het managementteam nadenken – wanneer zij de kans krijgen, want zij besteden niet al hun tijd aan dit project – over de structurele ontwikkeling van het project, de strategie en het informatiesysteem, alsmede over de gevolgen voor de managementprocessen.

PRAKTIJKVOORBEELD – MICROSTART

Context

Deze casestudy analyseert het bedrijf microStart, een organisatie zonder winstoogmerk. In dit voorbeeld houdt de toepassing van de balanced scorecard bij microStart een aanpassing van de financiële vooruitzichten in.

 ## HET BEDRIJF

microStart is sinds 2010 actief op het gebied van microfinanciering. De onderneming helpt mensen die uitgesloten zijn van het traditionele banksysteem om zelfstandig te worden. microStart werd geïnspireerd door het enorme succes van de Grameen Bank, opgericht in 1976 door Muhammed Yunus (econoom uit Bangladesh, geboren in 1940) die in 2006 de Nobelprijs voor de vrede kreeg. Het model van de Grameen Bank werd eind jaren tachtig in Europa aangepast door Maria Nowak (econoom gespecialiseerd in microkrediet, geboren in 1935) die in 1989 in Frankrijk de *Association pour le droit à l'initiative économique* (Adie) oprichtte. Tegenwoordig is Adie toonaangevend in West-Europa.

In 2010 werkten Adie en BNP Paribas Fortis, een Belgische dochteronderneming van de BNP-groep en de eerste bank in België, samen om microStart SCRL-FS op te richten. Het proefprogramma was bedoeld om een innovatief antwoord te bieden aan ondernemers in Brussel.

microStart, dat actief is in Sint-Gillis en Schaarbeek (twee gemeenten in de regio Brussel), telt 9 medewerkers en 50 vrijwilligers. Tot op heden heeft de vereniging 350 leningen verstrekt (met een terugbetalingspercentage van 95%).

In de visie en missie van microStart staan de leden en begunstigden van de organisatie centraal:

- **Visie:** degenen die zijn uitgesloten van het traditionele banksysteem toegang geven tot krediet en de creatie en ontwikkeling van ondernemingsideeën ondersteunen.

- **Missie:**

  - financiering van micro-ondernemers die uitgesloten zijn van het traditionele banksysteem en een zelfstandige activiteit willen opzetten of ontwikkelen;

  - micro-ondernemers voor, tijdens en na de oprichting van hun bedrijf ondersteunen om duurzaamheid te garanderen;

  - bijdragen tot de verbetering van het institutionele klimaat voor microkrediet en ondernemerschap.

De balanced scorecard van microStart

Voor microStart is de balanced scorecard een belangrijk programmerings- en managementinstrument. Hij wordt dagelijks gebruikt en dient als referentie bij het nemen van belangrijke beslissingen. Bovendien richt de organisatie microStart, die haar strategie op lange termijn ontwikkelt, zich vooral op innovatie en het perspectief van de mensen om haar balanced scorecard te bepalen. Om managers een totaalbeeld van de onderneming te geven, presenteert microStart zijn missies en waarden aan de hand van vele indicatoren, waaronder het klantenperspectief, interne processen en leren. Natuurlijk moet microStart, zoals alle organisaties, zijn prestaties voortdurend evalueren.

De algemene analyse en het kruisverhoor van de vier perspectieven geven ons een volledige evaluatie van het bedrijf. Elk perspectief heeft verschillende strategische doelstellingen die tot uiting komen in activiteiten. Deze activiteiten worden vervolgens gemeten aan de hand van de indicatoren die tijdens de verschillende vergaderingen van het directiecomité werden geselecteerd.

- **Financiële vooruitzichten:** microStart zorgt voor een doeltreffend kostenbeheer door de nodige financiële middelen ter beschikking te stellen voor de leningen ter ondersteuning van nieuwe ondernemingen.

    - Doelstelling: financiële middelen voor krediet beschikbaar stellen

    - Beheerder: microStart SCRL-FS

    - Gebruikte en toegepaste indicatoren: terugbetalingspercentages en klantenportefeuille

- **Klantperspectief:** microStart wil het aantal klanten vergroten, voldoen aan de huidige behoeften van de klanten (kredietfaciliteit, terugbetalingsvoorwaarden, gemak en naleving van de voorwaarden, coaching en opleiding) en de economische, financiële en sociale situatie verbeteren.

    - <u>Doelstellingen</u>: het aantal klanten verhogen, aan hun verwachtingen voldoen, opleiding geven

    - <u>Beheerder</u>: microStart SCRL-FS

    - <u>Gebruikte en toegepaste indicatoren</u>: het huidige aantal klanten, de klantenbinding, het aantal klachten, het aantal nieuwe klanten dat via mond-tot-mondreclame wordt verworven, het aantal opgeleide klanten, …

- **Perspectief van de interne processen: d**e belangrijkste aspecten voor de organisatie zijn in dit geval de beheersing van het bestuur, de sociale verantwoordelijkheid en de homogene overgang tussen microStart SCRL-FS en microStart als organisatie zonder winstoogmerk.

    - <u>Doelstellingen</u>: bestuur en sociale verantwoordelijkheid

    - <u>Beheerder</u>: microStart SCRL-FS

    - <u>Gebruikte en toegepaste indicatoren</u>: het aantal in de algemene vergadering opgeleide leden

- **Leer- en innovatieperspectief:** microStart maakt er een punt van zijn medewerkers op te leiden om hun motivatie te vergroten en een bedrijfscultuur te ontwikkelen die overeenstemt met de strategische doelstelling van de vzw.

- ○ <u>Doelstellingen</u>: motivatie, diversiteit van het personeel, opleidingen

- ○ <u>Beheerder</u>: microStart SCRL-FS en de vzw

- ○ <u>Gebruikte en toegepaste indicatoren</u>: personeelsverloop, analyse van de tevredenheid van de werknemers, aantal door vrijwilligers gewerkte uren

SAMENVATTING

- De balanced scorecard is een strategie- en managementinstrument dat in 1992 werd gecreëerd door David P. Norton en Robert S. Kaplan.

- De BSC is een nieuwe methode voor de evaluatie van de prestaties en de verbetering van de bedrijfsvoering.

- Deze innovatieve aanpak geeft managers een volledig beeld van het bedrijf, omdat het zich richt op de financiële resultaten, klanten, interne processen en het concept van leren binnen het bedrijf. Door de kruisbestuiving van de vier perspectieven zijn de belanghebbenden op de hoogte van alle specificaties van het bedrijf en wordt geen enkel aspect genegeerd.

- Alle perspectieven zijn met elkaar verbonden door een oorzaak-gevolgrelatie en de eindresultaten worden berekend op basis van aangepaste indicatoren die de feiten in cijfers weergeven.

- De balanced scorecard wordt gebruikt als een strategisch managementsysteem voor de lange termijn.

- Sommige economen wijzen op de beperkingen van het model: sommige belanghebbenden zouden worden verwaarloosd, het verband tussen oorzaak en gevolg bestaat niet en de externe omgeving is niet geïntegreerd.

VERDER LEZEN

BIBLIOGRAFIE

Akkermans, H. & van Oorschot, K. (2005). Relevantie verondersteld: Een casestudy van Balanced Scorecard Ontwikkeling met behulp van System Dynamics. *Journal of the Operational Research Society.* 56(8). pp. 931-941.

De Visscher, A., Robberechts, M. & Shyirambere, J. (2013). De Key Performance Indicators voor microStart Social Performance and Impact Analysis. *microStart.*

Guillot, L. (z.j.). *De Balanced Scorecard.* [Online]. [Geraadpleegd op 16 juni 2014]. Beschikbaar op: < http://lionelguillot. typepad.com/scmblog/files/rapport_bsc.pdf>

Kaplan, R. S. & Norton, D. P. (1996). *De Balanced Scorecard: Vertaling van strategie naar actie.* Boston: Harvard Business School.

Kaplan, R. S. & Norton, D. P. (1998). *Le Tableau de bord prospectif. Pilotage stratégique : les 4 axes du succès.* Parijs: éditions d'Organisation.

Olve, N-G., Petri, C-J., Roy, J. & Roy, S. (2003). *Making Scorecards Actionable: Balancing Strategy and Control.* Chinchester: Wiley.

Richmond, B. (1994). System Dynamics/ Systems Thinking. Laten we er gewoon mee doorgaan. *System Dynamics Review.* 10(2-3).

Tonchia, S. & Quagini, L. (2010). *Prestatiemeting. Balanced Scorecard koppelen aan Business Intelligence.* Berlijn: Springer.

We horen graag van jou! Laat
een reactie achter op jouw online bibliotheek
en deel je favoriete boeken op social media!

Master ISBN: 9782808063845
Papier ISBN: 9782808064132
Wettelijk depot: D/2022/12603/58

Digitaal ontwerp: Primento,
de digitale partner van uitgevers.

DE BALANCED SCORECARD

Begrijp de essentie van de Balanced Scorecard in slechts 50 minuten met dit praktische en beknopte boek. De Balanced Scorecard is een waardevol instrument voor strategisch denken dat zorgt voor samenhang tussen de dagelijkse activiteiten en de algemene visie van een onderneming. Via een analyse op basis van het financiële perspectief, het klantenperspectief, interne bedrijfsprocessen en leren, groei en innovatie geeft dit zeer effectieve managementinstrument managers, werknemers en aandeelhouders een uitgebreid overzicht van de onderneming en haar prestaties.

www.50minutes.com

IL PRINCIPIO DI PETER

Dite NO all'incompetenza sul lavoro

IL PRINCIPIO DI PETER

Dite NO all'incompetenza sul lavoro

IL PRINCIPIO DI PETER

Dite NO all'incompetenza sul lavoro

scritto da Gabriel Verboomen
tradotto par Sara Rossi

50MINUTES.com